AF862487

आशायें

पल पल

Deepa Agrawal

BookLeaf Publishing
India | USA | UK

Copyright © Deepa Agrawal
All Rights Reserved.

This book has been self-published with all reasonable efforts taken to make the material error-free by the author. No part of this book shall be used, reproduced in any manner whatsoever without written permission from the author, except in the case of brief quotations embodied in critical articles and reviews.

The Author of this book is solely responsible and liable for its content including but not limited to the views, representations, descriptions, statements, information, opinions, and references ["Content"]. The Content of this book shall not constitute or be construed or deemed to reflect the opinion or expression of the Publisher or Editor. Neither the Publisher nor Editor endorse or approve the Content of this book or guarantee the reliability, accuracy, or completeness of the Content published herein and do not make any representations or warranties of any kind, express or implied, including but not limited to the implied warranties of merchantability, fitness for a particular purpose.

The Publisher and Editor shall not be liable whatsoever...

Made with ❤ on the BookLeaf Publishing Platform
www.bookleafpub.in
www.bookleafpub.com

Dedication

Preface

'आशायें पल पल' मेरी पहली पुस्तक हैं। यह हमारे अलग अलग मनस्थिति को दर्शाती है। इंसान के मन की स्थिति कभी एक जैसी नहीं होती है। कभी वह बहुत खुश होता है कभी मन उदास रहता है। कभी स्थितियां गम्भीर होती है। मेरी यह पुस्तक भी हमारे मन की तरह है जहां हर भाव को मैंने शब्दों में पिरोने की कोशिश की हैं। जिन्दगी के उतार चढाव की तरह हर काव्य में मेरे भाव भी कुछ अलग से हैं। कभी नर्म कभी गर्म कभी खट्टा कभी मीठा। अपने पाठकों की सहूलियत के लिए मैंने सरल शब्दों में कविता को लिखा हैं। आशा करती हूँ आप सब इसे पसन्द करेंगे।

मेरी सहेली रोशिता का तहे दिल से धन्यवाद करती हूँ। इस पुस्तक का सारा श्रेय मैं उसे देती हूँ। इसकी शुरुआत से अंत तक उसी ने मुझे राह दिखाई हैं।

कई बार मैंने सोचा
क्या लिखूँ मैं कविता में
फिर जब मन को टटोला
शब्द खुद बिछते चले गए

....दीपा अग्रवाल

Acknowledgements

यह काव्य संग्रह मेरे लिए केवल शब्दों का संकलन नहीं, बल्कि भावनाओं की एक यात्रा है। इस यात्रा को संभव बनाने वाले सभी लोगों का मैं हृदय से आभार व्यक्त करती हूँ।

मेरे दोस्त , जिन्होंने हमेशा मुझे हौसला दिया, और मेरे जीवनसाथी और मेरे बेटे के धैर्य और प्रेम ने इस संग्रह को आकार दिया। उनका मैं तहे दिल से आभार व्यक्त करती हूँ।

मैं उन सभी कवियों की ऋणी हूँ जिनकी रचनाओं ने मेरी चेतना को आकार दिया।

मैं प्रकाशक महोदय की हृदय से आभारी हूँ, जिन्होंने इस पुस्तक को प्रकाशित करने का निर्णय लिया और इस पुस्तक को यह रूप दिया।

अंत में, मैं उन सभी अज्ञात पाठकों की आभारी हूँ, जो मेरी कविताओं को पढ़ेंगे और उन्हें अपने दिल में जगह देंगे। आपकी सराहना ही मेरे लेखन का सबसे बड़ा पुरस्कार होगा । आपके उन सभी स्नेह का धन्यवाद जो मुझे इस राह पर मिलेगा।

..... दीपा अग्रवाल

1. मेरी ख्वाहिश

तुम ही तो मेरी ख्वाहिश हो
मेरी पहली और आखिरी ख्वाहिश
मेरी सबसे खास ख्वाहिश
मेरी सांसों से ज्यादा अहम ख्वाहिश
टूटते तारे को देखकर मांगी हुई ख्वाहिश
रातों को जागते हुए देखे सपनों सी ख्वाहिश
पलकों के टूटते पलक से तलब की हुई ख्वाहिश
बागों में गौरैया के जोड़े को देखकर सोची हुई ख्वाहिश
मंदिरों की पहली घंटी से उठती ख्वाहिश
मस्जिदों की पहली अजान से आई हुई ख्वाहिश
सोलह सोमवार के व्रत से अनुरोध की हुई ख्वाहिश
नंदी के कानों में फरियाद की हुई ख्वाहिश
मेरे जीने की ख्वाहिश
मेरे हर ख्वाबों की ख्वाहिश
मेरी ख्वाहिशों की ख्वाहिश
मेरी रब से दरख्वास्त की हुई ख्वाहिश

2. ख्वाब

कितने ख्वाब सजाये थे
आंखों ने मेरे
अश्कों ने सब बहा दिये
यादों में तेरे
दिल में थी मेरे
जुस्तजू सिर्फ तेरी
पर न मुकम्मल हो सकी
आरजू यह मेरी
रात भर जागते रहे
आने की उम्मीद में तेरे
पर न तुम आई यहां
न नींद ने ही दस्तख दी
इन्तजार किया शब भर
कुछ इस कदर मैंने
दुल्हन सी सजी रहीं
जहन मे तुम मेरे
ख्याल तेरा अब भी है जिन्दा
यादों में मेरे
जानता हूँ सब झूठ है
बस हैं गलतफहमियां मेरी
कुछ खास फर्क नहीं पड़ता
ख्वाब जो अधुरे रह गये
आंखों में नमी के सिवा
कुछ और न शेष रह गये

रुख्सत हो जाऊँगा अब
जिन्दगी से मैं तेरे
तन्हा चला जाऊँगा
बिछड़ कर दर से मैं तेरे

3. दोस्ती की चाहत

बहुत उदास थे तन्हा थे
कुछ थे अधुरे अधुरे से
थोड़ा सा वक्त मांगा उनसे
पूरी जिन्दगी दे दी उसने
इसे इत्तेफाक न समझना
तकदीर से मिले है हम
दावा दोस्ती का नहीं आता
जान मांग लेना हाजिर हैं हम
न खून का रिश्ता है हमारा
न साथ सदियों का
बिना शर्तों का प्यार हमारा
सच्ची दोस्ती का दावा है
बिना कहे समझ जाते हैं
हर वक्त साथ निभाते हैं
हंसी के फव्वारे होते हैं
जब हम तुम साथ होते हैं
इक दूजे के लिए जीते हैं
हम इक दूजे में रहते हैं
वक्त बेशक कुछ कम सही
इक दूजे की इबादत करते है

4. लम्हें

रुखसत के चंद लम्हें बाकी हैं
तेरे आने की उम्मीद बाकी है
इंतजार इस कदर तुम्हारा हैं
कि शेष हर लम्हा बेमानी है
जिन्दगी यूँ भी नाराज सी है
मुझसे खफ़ा खफ़ा सी है
नहीं हैं ऐतबार के काबिल
हर लम्हा तेरी याद रुलाती है
आखरी मुकाम हैं जिन्दगी का
तुम साथ होते किस्मत की बात थी
लम्हें लम्हें में बसी तेरी महक
मुझे जीना सिखाती और बात थी
मौत तो उसी दिन हो गई थी
तुम जब रूष्ट होकर चले गए थे
उम्र भर का साथ तोड़ कर
एक नई सौगात दे गये थे
जब भी वो लम्हा जहन में आता है
मुहब्बत कसक बनकर याद आती है
तेरे कुर्बत में गुजारे हुए लम्हें
मुझे तन्हाई का एहसास दिलाती है

5. खामोशी की बातें

तुझसे रुठे एक जमाना गुजर गया
न तुम आये न तुम्हरी खबर आई
बेचैन कर देता था कभी अश्क मेरा
आज मेरी खामोशी भी राश आ गई
न गुफ्तगू होती है दरमियाँ हमारे
न कोई पैगाम आया सदियों से
गुमनाम हो गया इश्क हमारा
इंतजार कर रहे हैं खामोशी से
लफ्ज़ बहुत है कहने को
शिकायतें भी बहुत है करने को
पर हक नहीं है जताने को
तभी तो चुना है खामोशी को
बिखरे हुए हैं हम मुद्दतों से
सिमटने में कुछ देर लगेगी
इस खामोशी को पढ़ने में
जिन्दगी को यकीनन देर लगेगी
रहने देते हैं लफ्जों को खामोश अब
कुछ कहने से बात बढ़ जायेगी
टूटे हुए रिश्तों को लाख जोड़ों
बस गाठें ही नजर आयेगी

6. बचपन की वो मुहब्बत

मुझे अल्जाइमर है
एक भूलने की बीमारी
अक्सर भूल जाती हूँ
छोटी बड़ी बाते सभी
उम्र भी तो काफी हो गई है
यादें भी धूंधली पड़ गई है
कुछ हैं पर जो आज भी याद है
जहन में पूर्णता से समाई हुई है
वो मेरे बचपन की मुहब्बत
जब दिल पहली बार धड़का था
जो कभी न उनसे कह पाये हम
और न कभी भुला पाये हम
उन दिनों का प्यार भी अजीब था
न मिलने की चाह न बिछड़ने का डर था
घंटों बस इंतजार करना था
और मुस्कान में उसके खो जाना था
धीरे धीरे बड़े होने लगे थे हम
रास्तें अपने अलग होने लगे थे अब
कुछ उसने नई दुनिया बसा ली थी अब
कुछ हमने अपना ठिकाना बदल लिया था अब
जिन्दगी फिर उलझाती चली गई
रोज नये पाठ पढ़ाती चली गई
पर अधुरी वो बचपन की मुहब्बत
हौले हौले सीने में सुलगती रही

पहला प्यार था वो बचपन का
आज भी याद आ जाता है
और धीरे से चेहरे पर मेरे
अनोखी सी मुस्कान सजा जाता है
माना मुकम्मल न हो पाई कभी
बचपन की वो पाक मुहब्बत हमारी
पर जिन्दगी की जद्दोजहद में
हर पल याद उसकी आती रही
आज फिर एक बार देखना चाहती हूँ
उन्हीं गलियों में उसे तलाशना चाहती हूँ
शायद हो जिन्दा बचपन का प्यार हमारा
मन की इस उम्मीद को जीना चाहती हूँ

7. नाराजगी

कई दिनों से देखा नहीं हैं उन्हें
कुछ बात भी नहीं हुई हैं उनसे
शायद नाराज हैं वह मुझसे
तभी तो कुछ कहते नहीं हैं हमसे
कैसे बताऊँ केसे गुजर रहा है
हर पल मेरा उनके बिना
बात करने को मन बेचैन रहता है
और देखने की भी रहती है तमन्ना
हजारों की महफिल में खड़े हैं
भीड़ में भी पर हम अकेले हैं
हर लम्हा तन्हाई का एहसास हैं
तेरी नाराजगी का यही अन्जाम है
लगता है दूर बहुत दूर चले गए हो
पर कब तक रह पाओगे दूर मुझसे
नजर चुराने वाले यह बेरुखी कैसी है
कर दो माफ अगर हुआ है कसूर मुझसे
कैसे पहुँचाऊँ तुम तक यह पैगाम अपना
कि जीना मुस्किल है अब मेरा तेरे बिना
तुम भी तो अधुरे हो गये हो मेरे बिना
एक बार तो लौट आओ मेरे यारा
खुदा न करे कभी कुछ ऐसा हो जाये
मेरी बर्दास्त की सीमा खत्म हो जाये
तुम समझ पाओ हमारी इस दूरी को
इससे पहले हम जिन्दगी से रुखसत हो जाये

देखो शायद कल हम फिर रहे ना रहे
हमारे समझौते की गुंजाइश बचे न बचे
फिर करोगे तुम अफसोस तमाम उम्र भर
काश वक्त रहते नाराजगी को तुम भुला पातें

8. ढलती उम्र

उम्र कुछ साठ पैंसठ की हैं
और साथ पैंतीस बर्षों का
उलझनें नहीं रिश्तों में
फिर भी है सब उलझा सा
न कोई शिकवें-शिकायतें है
न कोई रंजिशें है दिल में
धड़कनें कहती है होले से
कुछ तो कमी पर रिश्तों में है
शायद उम्र के साथ साथ
उम्मीदें ज्यादा हो गई है
अपने अरमानों की चादर
अब हमसे लम्बी हो गई है
खामोश बैठे रहते हैं हम
घंटों चाय अखबार लेकर
तुम कुछ नहीं कहते मुझसे
और हम सह नहीं पाते हैं
अनबन नहीं दरमियाँ हमारे
ना कोई हमें नाराजगी है
बस उम्र यूँ ढल गई है हमारी
न तुम समझे न हम समझ पाए है

9. तेरी नजर

चेहरा तेरा हैं चांद का टुकड़ा
जुल्फें काली घटाओं का बसेरा
नजरों के लिए अल्फाज़ नहीं है
लोगों को वो दिवाना कर रही है
कातिलाना सी तेरी यह नजर
काजलों ने जिसमें डेरा बसाया है
हर आने जाने वाले को वह
बेवजह घायल कर रही है
नजरों से तेरी मिल जाये जो नजर किसी की
कसम खुदा की नजर न लग जाये तुझे उसकी
आफताब की भी नहीं अहमियत उतनी
जितनी अजमत है तेरी नजरों की
तेरी पहली नजर पर ही हम
जान-ओ-दिल लुटा बैठे थे
इश्क तो उसी दिन हो गया था हमे
बस खुदा रा कहने से डरते थे
अब कुछ नजर आता नहीं मुझे
इक तेरे तसव्वुर के सिवा
एक तेरी गहरी झील सी आंखें
और दूजा तेरा हसीन सा चेहरा
बड़ी फुर्सत से तराशा है तुझे खुदा ने
सारी कायनात देख कर हैरान है
फरिश्ते भी देखे तो हो जाये पागल
कुदरत की इक ऐसी इजाद हो तुम

10. दरियादिली

साकी की दरियादिली
देखी हमनें मैख़ाने में
जाम पर जाम चलते रहें
महफिलें सदा सजते रहे
हुस्न का दरबार सजा रहा
मौसकी के दौर चलते रहें
जाम हाथों में थामे हुए
कुछ गिरते रहे कुछ सम्भलते रहे
मदहोश था हर शख्स वहां
साकी ने हाथ पर थामें थे
जाम खत्म होने से पहले
पैमाने और तैयार थे
यह दरियादिली साकी की हैं
हर कोई जो इतना झूम रहा हैं
मुहब्बत की तारीफ न समझना इसे
यह तो मैकदों की देन हैं

11. कलाकार की अद्भुत कला

नवदुर्गा की मूर्तियां देखी है
कलाकार की पराकाष्ठा है
उनके मन की कल्पना है
उनके प्राणों का स्वरूप है
ठीक ही तो है
प्राण ही तो है
जहां कलाकार डाल देता है
अपना मन अपनी जान
उन मूर्तियों में
तभी तो लगती है
वह इतनी सजीव
महसूस होता है
जैसे बोल पड़ेगी
एहसास होता है
कि सिर्फ एक मूर्ति नहीं है
साक्षात देवी है
यह उस रचनाकार की रचना है
उसकी वो निष्ठा है
जिसमें उसने अपनी कल्पना को रूप दिया है
उसको सजाया है निखारा है
कितने ही है जो कला को समझ पाते हैं
उसका यथोचित मोल कर पाते हैं
उनके लिए वह सिर्फ एक निर्जीव मूर्ति है
जिसे मोल देकर घर ले आते हैं

पूजते हैं और फिर
ढोल बाजे के साथ
विसर्जित कर देते हैं
और कलाकार कि एक और अद्भुत कला
मिट्टी में मिल जाती है
और मिल जाता है उसका स्वपन और उसकी मेहनत

12. सन्नाटा

आजकल वह बोलते नहीं है
कुछ खामोश से रहते हैं
पूछने पर मुस्कुरा देते हैं
कहते हैं सब ठीक है
उनकी खामोशियों के पीछे
कोई राज तो छुपा है
मैं समझने की कोशिश करता हूँ
जाने क्यूँ सब उलझा सा लगता है
थम रही है उनकी बातें करने की आदतें
एक सन्नाटा सा ओढ़ लिया है
हर शाम हाल पूछते थे पहले
अब सब कुछ बदल गया हैं
शायद कोई अल्फाज़ गहरे उतरे हैं दिल में
तभी अपने अंदाज में चुप हो गये हैं
अब न कोई शिकवें-शिकायतें बचीं है
बस एक सन्नाटा जो सुनता नहीं है

13. बारिश

गर्मी से तपती धरती को
बारिश ने कुछ राहत दी है
सोंधी सी महक मिट्टी की
सबके मन को महका रहीं हैं
बूंदों की सरगम हमारे
कानों को लुभा रहीं हैं
और अपने स्पर्श से हमे
रोम-रोम पुलकित कर रहीं हैं
पशु-पक्षियां भी अपनी
खुशियों का प्रदर्शन कर रहे हैं
झूम रहे हैं सारे पेड़ पौधे
अलौकिक दृश्य छाया हुआ है
पहाड़ों से बहते झड़ने
कुछ इठलाते हुए आ रहें हैं
नदियों के आगोश में समा के
अति प्रफुल्लित हो रहें हैं
कितना मनोहर दृश्य है
हर कोई झूम रहा हैं
क्या बच्चे क्या बूढ़े यहां
सबका मन हर्षित हो रहा हैं
पर देखों गरीबों के फूस के घर
बारिश में छत से टपकती बूंदें
घर की दयनीय स्थिति देख
लाचार आंखों से बहते नीर

कुदरत के भी खेल निराले है
हर मौसम सबके लिए भिन्न है
कहीं सावन झूले झूलता है
कहीं जिन्दगी भर का गम है

14. चलते चलते

तन्हा चलते चलते मैं
थक कर बैठ गया
शायद कोई याद आ गया
जो पहले कभी था साथ चला
लम्बा था सफर मेरा
पर अब हूँ मैं ठहर गया
मुद्दतों से जिसके साथ था
दूर कहीं है वह खो गया
बैठे बैठे यूहीं मैंने
मुड़कर जब देखा पीछे
दूर कहीं तुम थे खड़े
ख्यालों में मेरे मुस्कुरा रहे थे
सोचने लगा क्या था वह
जिससे रिश्ता टूट गया
क्या थी यह उनकी जफा
या मेरी वफा ने दम तोड़ दिया
कहते थे चलते चलते यूहीं
बहुत करीब मत आ जाना
फासला थोड़ा बनाये रखना
अभी नहीं तुम्हें है मैंने पहचाना

15. रास्ते

वक्त के साथ साथ
जिन्दगी बदल जाती है
रिश्ते बदल जाते हैं
लोग बदल जाते हैं
जिस डगर पर चलते हैं
साथ हमसफर बनकर हम
वह रास्ते छूट जाते हैं
फासले कुछ बढ़ जाते हैं
शायद वक्त रहते ही
खुद को बदल लेना बेहतर है
अनचाहे दश्त से पहले ही
लौट जाना यकीनन बेहतर है
दिन के उजाले में
रास्तें खुशगवार नजर आये थे
वापसी के सफर में
जाने कहा सब गुम हो गये हैं
दिल में दर्द हजारों है
पर शब्द सभी खो गये हैं
तुझसे जुड़े रहने की ख्वाहिश है
पर रास्ते नजर आते नहीं है
अक्सर मंजिल की तलाश में
लोग तन्हा रह जाते हैं
तेरे उड़ने की ख्वाहिश से
मेरे दिल के टुकड़े हजार हो गये हैं

16. किस्मत

किस्मत भी जिन्दगी जैसी है
हाथों की लकीरों में होती है
पर अक्सर बिना बताये
चुप-चाप चली जाती हैं
रोज सुबह उठने से पहले
मेरे दर पर खड़ी रहती हैं
जी भर मुझसे खेलकर
संध्या को बिन कहे चली जाती हैं
यह किस्मत भी अनोखी है
कितनी कहानियाँ अधुरी छोड़ देती है
जिनकी किस्मत खराब होती है
उनकी जिंदगी बेरंग रह जाती हैं
मैंने भी दुआओं में मांगा था उन्हें
पर वह किसी और के हो गए
यारों मेरा दिल बुरा नहीं था
मेरी किस्मत में पर वो नहीं थे
न यह मेरे दिल का दोष है
न मेरी मुहब्बत में कुछ कमी थी
प्यार ही न हो जब नसीब में
तो समझो किस्मत की भूल थी

17. आसमान

किसी ने एक दिन बेपरवाही में
पूछा ही डाला यह मुझसे
क्यूँ ताकतें रहते हो आसमान में
क्या कोई रहते हैं वहां आपके
मेरी आंखे थोड़ी सी भर आई
थोड़ी उदासी मन में छा गई
कहना तो बहुत कुछ चाहा
चुप रही कुछ कह नहीं पाई
बचपन में अक्सर यह सुना है
नाना-नानी दादा-दादी ने कहा है
जो चले जाते हैं दुनिया छोड़ कर
आसमान में वह तारें बन जाते हैं
सच है या मिथ्या है पता नहीं
पर हम सभी इसे सच मानते हैं
इसी विश्वास के साथ जीये है
और सदा इसी के साथ जीयेंगे
मेरा छोटा मूझे यूहीं एक दिन
जिन्दगी से लड़ते लड़ते
तन्हा अकेला हम सबको
छोड़ कर चला गया है
इसलिए अब हम अक्सर रातों को
उन हजारों टिमटिमाते तारों में
अपने लाडले को ढूढ़ते हुए
आसमन को देखते रहते हैं

उसे यूहीं देखते देखते
जब आंखें नम हो जाती है
वह भी समझ जाता है
किसी खास को ही खोया है हमने

18. कहानी

हर कोई यहाँ पर
अपनी कहानी लिखता है
कोई जिन्दगी पर लिखता है
कोई जिन्दगी में लिखता है
एक कहानी मैंने भी लिखी है
अपने मन के कोने में
छुपा रक्खा है जो सबसे
किसी को परेशान नहीं करते
जानती हूँ कहने का फायदा नहीं
यहां कोई किसी को समझता नहीं
आंखों का पानी दिल की कहानी
किसी और को नजर आती नहीं
वैसे भी अक्सर देखा है
कहानी पर्दे में अच्छी लगती है
जिन्दगी तो वह हकीकत है
जो सबसे नजरें चुराती है
कुछ कहानियों की ही तरह
मेरी कहानी भी अधुरी रह गई
क्या कहूँ पन्ने कम पड़ गए
या की स्याही सूख गई
फिर लिखूंगी नये सिरे से
तेरी मेरी जो कहानी है
यह बर्बादियों का दौर है
यार थोड़ा इसे थम लेने दे

19. फुर्सत

कभी फुर्सत में बैठेंगे
तब सोचेंगे और लिखेंगे
वह तमाम खुबसूरत पल
जो हमने संग बिताये थे
वो साथ फुर्सत में बैठना
कभी घंटों इंतजार करना
एक ही प्याली में चाय पीना
और ढ़ेरों बातें करना
अब सब किस्से कहानी सी लगती है
सब बाते पुरानी सी लगती है
अब तो अक्सर जल्दबाजी में रहते हैं
जिन्दगी भी कहा फुर्सत में जी पाते हैं
सब अब इतने मशरूफ रहते हैं
आईने में ही देखकर गुजर जातें हैं
खुद से ही मुलाकात करने को
हम खुद ही तरस जाते हैं
गुजर जाता है हर रोज हमारा
पहले की तरह मशरूफियत में
न हमें फुर्सत मिल पाती है
न उन्हें हमारा ख्याल आता है
काश फुर्सत मिले उन्हें जमाने से
मुझे भी कुछ पल याद कर ले वो
काफी वक्त गुजर गया है
याद में उनके हिचकी आये को

20. आईना

नादान है आईना
शक्ल पढ़ कर
खुश होने का
पता बताता है
बेखबर है
जानता नहीं
हर हंसते चहरे के पीछे
हंसता दिल होता नहीं
ऐसे भी हैं चहरे यहां
झूठ का नकाब ओढ़े है
फरेब से भरा मन उनका
सच्चे किरदार निभाते नहीं
काश आईना कर पाता
बयान उनकी फितरत का
इल्म होता शायद उन्हें
तब अपनी हरकतों का
दिखती है सूरत सबकी
सीरत नजर आती नहीं
आईना तू प्रतिबिंब है हमारा
सच फिर तू क्यूँ बताता नहीं
औरों को खुश करने के लिए
चेहरे की मुस्कान दिखाता है
दिल में जो दर्द छुपा होता है
उसको तू कभी जताता नहीं

21. इश्क

इश्क हो तुम मेरे
एक ऐसा इश्क
जिसे छूने से ज्यादा
देखने में शकून मिलता है
जिसे पाने से अधिक
महसूस करने में अच्छा लगता है
जिसे नाम से अमित
तेरे लिए बदनाम होना उत्कृष्ट लगता है
जिससे जीतने से अत्यधिक
हारने में मजा आता है
जिसकी वजह से सोने से अत्यंत
रातों को जागना सुखद लगता हैं
जिसके जिस्म से लिपटने से अनन्त
रूह से समा जाना श्रेष्ठ लगता हैं
जिसके दो पल मिल जाने से
जन्नत नसीब हो जाती है
हाँ एक ऐसे इश्क
हो तुम मेरे

22. अधुरा इश्क

एक इश्क था दरमियाँ हमारे
इक तुम थे संग मेरे
न इश्क मुकम्मल हो सका
न तुम संग रहे हमारे
बर्षों साथ गुजारे थे
फिर राहें कुछ जुदा हो गई
वजह अन्जान आज भी है
क्या खफा थी जो हो गई
गुनाह हजारों होगें पर
जताया उसने कभी नहीं
खामोश वह लौट गए
हम इंतजार करते रहे
याद जरा आहिस्ता आना
इबादत में खलल न पड़ जाए
अश्क तू भी हौले से बहना
कही उनको पता न चल जाये
कैसे बताऊँ जुदाई का सबब
हर किसी की जुबा खुल रही है
तेरी थी वह कोई बेवफाई
या मैंने की थी जफा कोई
तेरे जाने के बाद आलम यह है
तेरे बगैर भी हर पल तेरे संग हैं
होगी तेरी कुछ मजबूरियां पर
तेरी जुदाई से हम विकल हैं

23. सिर्फ तुम

कभी जब फुर्सत मिले
मेरी नजरों में झांक कर देखना
सिर्फ तुम नजर आओगे
बेशुमार मुहब्बत दिखेगी
जो सिर्फ तुम्हारे लिए होगी
एक अटूट विश्वास होगा
मेरे इन आंखों में
जो खुद बया करेंगी
अपनी बेइन्तहा मुहब्बत
एक भरोसा तुम्हारे लिए
एक प्यार हमारें लिए
जब सामने नहीं होते हो
तुम्हारा ख्याल साथ होता है
कभी याद बनकर आते हो
कभी एहसास दिला जाते हो
यूहीं नहीं कह सकती
दूर हो गए हो तुम मुझसे
नजर ना भी आओ तो क्या
दिल में सिर्फ तुम ही रहते हो
अकेले में डर नहीं लगता है
न रातों को मन घबराता है
पता है क्यूँ
क्यूंकि तुम साथ रहते हो
हर पल आस-पास रहते हो

ऐसा नहीं कि सब्र आ गया है
हाँ बस तुम्हारे साथ रहकर
मुझे जीना आ गया है
तुम्हारे साथ भी
तुम्हारे बगैर भी
और सिर्फ तुम्हारे लिए ही

24. सुनो

तुम सुनो
बस मेरे मन की सुनो
नहीं कहती हूँ तुम्हें
तुम अपनी प्रतिक्रिया दो
बस मेरे मन को हल्का होने दो
उसे वह सब कहने दो
जो वह कहना चाहता है
तुमसे जो हाल-ए-दिल वो
अपना ब्यान करना चाहता है
हाँ नहीं है कोई जबरदस्ती
तुम्हे मेरी बात सुनने की
पर शायद तुम्हारे सुनने से
तुम्हारे अस्तित्व मात्र से
तुम्हारी मौजूदगी के एहसास से
कुछ अनिष्ट होने से बच जाये
शायद मैं
वक्त-बे-वक्त कमजोर न पड़ू
और तुम्हारे पास होने से
तुम्हारी एक छुवन से
मुझे जीने का हौसला हो जाए
मैं कुछ और सांसें जी पाऊँ
कुछ पल सुकून के बिता पाऊँ

25. एक और शाम

चलो यारों
एक शाम आज ऐसी बिताये
वक्त निकल जाये
पर पल न भूल पाये
मिलते हैं किसी नुक्कड़ पर
चाय की किसी गुनटी पर
बचपन और जवानी को
फिर जीते हैं हंस-हंस कर
छोड़ आते हैं जिन्दगी को
किसी गली मुहल्ले में
घर की चारदीवारी में
या आफिस के बंद कमरे में
फिर बैठते हैं किसी कोने में
चाय की चुस्कियां भरते हुए
परेशानियों को उड़ाते हुए
और बस यू ही मुस्कुराते हुए
रोज शाम ढल रहीं हैं
रोज जिन्दगी घट रही है
रोज जिन्दगी के किताब का
एक और पन्ना निकल रहा है
इसलिए फिक्र अपनी छोड़ दो
रोज शाम खुल के जीऔ
क्या पता किस मोड़ पर
कौन सी शाम आखरी हो